अदृश्य से संवाद

डॉ. अजय कुमार सिंह

क्रम-सूची

प्रस्तावना ... ix

भूमिका ... xi

1. मुसाफ़िर ... 1

2. मुसाफ़िर-2 ... 2

3. मुसाफ़िर -3 ... 3

4. मुसाफ़िर-4 ... 4

5. मुसाफ़िर-5 ... 5

6. चाय ... 7

7. चाय-2 ... 9

8. चाय-3 ... 11

9. आवारा बादल ... 12

10. समीकरण ... 13

11. अंतः संवाद ... 14

12. गर्मी ... 16

13. रेल ... 18

14. एकलव्य ... 19

15. नव्या ... 20

16. नव्या -2 ... 21

17. नव्या-3 ... 23

18. नव्या-4 ... 24

19. नव्या-5 ... 25

20. जंगल ... 27

क्रम-सूची

21. अमरकंटक — 28

22. अमरकंटक-2 — 30

23. चुनाव — 31

24. चुनाव-2 — 33

25. चुनाव-3 — 35

26. प्यार है तुमसे — 36

27. सवाल — 39

28. बाबा साहब भीमराव अम्बेडकर — 40

29. चिलम — 41

30. मन — 43

31. बतकही — 44

32. मैं और ट्यूब लाइट — 46

33. सफ़र — 48

34. वर्धा से कोलकाता — 49

35. रचना — 50

36. सपना — 51

37. मालगाड़ी — 52

38. अज्ञानता — 53

39. गीतांजली एक्सप्रेस — 55

40. सुभाष सरोवर — 57

41. कोलकाता — 58

42. आशिकी — 60

क्रम-सूची

43. प्लेटफार्म 61

44. जनशताब्दी एक्सप्रेस 62

45. Dr-2 63

46. रण 64

47. जवान 66

48. रूम नंबर-67 67

49. 3/7/19 में 6 मिनट बाकी 68

50. परी 69

51. फेसबुक 70

52. वर्धा चौराहा 71

53. आप 72

54. नज़र 73

55. बारिस 74

56. नमस्कार वर्धा 75

57. वर्धा की बारिश 76

58. वर्धा की बारिश-2 78

59. वर्धा की बारिश- 3 79

60. वर्धा की बारिश- 4 80

61. सोमवार 81

62. 1:50 Am मंगलवार 82

63. बस भी कर 84

64. Gph Mess 85

65. मंगलवार 86

क्रम-सूची

66. दोस्ती — 87

67. सोमवारी — 89

68. सोमवारी-2 — 91

69. संचार — 93

70. तुम — 94

71. मूल निवासी दिवस — 95

72. समय — 97

73. वर्धा खेल परिसर — 99

74. पूर्णिमा — 100

75. चाय-पान — 102

76. ज्ञान — 104

77. आप — 105

78. वर्धा भूमि — 107

79. वर्धा चौराहा — 108

80. कर्ता-धर्ता — 109

81. नीम का पेड़ — 111

82. जनसंचार — 112

83. दिल्ली — 113

84. दिल्ली-1 — 115

85. दिल्ली-2 — 116

86. दिल्ली-3 — 118

87. ख़लिश — 119

क्रम-सूची

88. पटना से दिल्ली   121

89. Go Air   122

90. बिहारी   124

91. Airhostess   125

92. मेट्रो गर्ल   126

93. Tea Break   128

94. दौर   129

95. इश्क़   130

96. सपना   131

97. अभी-अभी   132

98. छुट्टी   134

99. मझधार   135

100. शृंगार   137

101. भीड़   138

प्रस्तावना

कविताई क्या है? जो कुछ लिखा जा रहा है उसमें कितनी कविता है? क्या कविता बयानबाजी से भरा हुआ शब्दों का मायाजाल है या फिर अवचेतन और चेतन के बीच आवाजाही कर रही भावनाओं की अभिव्यक्ति है? इन सवालों के जवाब तलाशने के क्रम में नवोदित रचनाकार डॉ. अजय कुमार सिंह की काव्यात्मक अभिव्यक्ति को देखा-परखा जा सकता है। पूर्वोत्तर भारत की पत्रकारिता पर विशेषज्ञता रखने वाले डॉ. अजय कुमार सिंह पत्रकारिता के प्राध्यापक हैं और सामाजिक-राजनीतिक रूप से सचेत-सुचिंतित विचार रखते हैं। सोशल मीडिया पर वीडियो के माध्यम से भी वह विभिन्न मुद्दों पर सक्रिय रहते हैं। यह व्यक्तित्व उनकी कविताओं में भी झलकता है। नवादा, पटना, बनारस, वर्धा और कोलकता प्रवास के अपने अनुभवों को कविताई के माध्यम से व्यक्त करने का उनका प्रयास पुस्तकाकार रूप में आ रहा है। पुस्तक प्रकाशन के लिए अग्रिम बधाई के साथ भाई अजय को बहुत-बहुत शुभकामनाएं।

पुस्तक की रचनाएं विभिन्न स्थिति-परिस्थितियों के दौरान उपजी सहज भावनाएं हैं। कुछ रचना चाय की चुस्कियों के दौरान उपजी तो कुछ विद्यार्थी जीवन की बैठकी का उत्पाद हैं। कुछ. प्राध्यापक होने के बाद मिले अनुभवों का प्रतिफल हैं। कुछ निजी जिंदगी की जटिलता से सूझी हैं। तुकबंदियों के फेर से मुक्त इनकी कविताओं में जहां एक ओर रोजमर्रा के जीवन की परछाईं है तो दूसरी ओर सामाजिक प्रपंचों पर चिंतन भी है। अजय की रचनाएं राजनीतिक और अराजनीतिक सरंचना के बीच भी यात्रा करती हैं। अनूठे भाषाई गठन के माध्यम से वह अपने विचारों

को जनता के सामने रखते हैं। सभी रचनाएँ गरिष्ठ विचारों की तरल अभिव्यक्ति के रूप में प्रवाहित होती है। कहने को तो यह कविता है, पर असल में यह लेखक की बात है, जो कभी कहानी लगती है तो कभी आपबीती। इनकी कविताएं कहीं कहीं समाज पर तंज करती कमेंट्री जैसा भी एहसास कराती हैं। कई बार हमें बातें इसलिए भी अच्छी लगती हैं क्योंकि उन बातों से हम परिचित होते हैं, उन्हें जानते-पहचानते हैं। अजय की रचनाएं जानी-पहचानी बात की तरह ही हैं। नई उर्जा और विचारों का स्वागत करने वालों को अजय और उनकी कविता प्रभावित करती रहती है। पुस्तक के साथ-साथ उनकी कविताओं का पाठ उन्हीं की जुबानी सोशल मीडिया पर भी देखा-सुना जा सकता है।

डॉ. संदीप दूबे प्राध्यापक, मीडिया
sandeep9935131246@gmail.com

भूमिका

शब्दों को जोड़ना, शब्दों को आकार देना कई बार लगता है कि काफी सरल और सहज है। कोई भी कर सकता है। हकीकत का एहसास तब होता है जब महीनों बीत जाते हैं और मन तरसता रहता है चंद पंक्तियां लिखने के लिए। कुल मिलाकर एक स्थिति ऐसी बनती है जब आपको लगने लगता है कि आपकी इस भौतिक काया के ऊपर एक सत्ता है जो आपका ही विस्तार है जहां से आपको प्रेरणा और अनुभूति मिलती हैं।तब आप कुछ लिख पाने में सक्षम होते हैं। इस वजह से ही कई बार जब अपने ही लिखे गए शब्दों को देखता हूं तो विश्वास नहीं हो पाता है कि इसे मैंने ही लिखा है।

साथ ही यह भी दावे के साथ नहीं कह सकता हूं कि दोबारा मैं उसी तरह की रचना करने में सक्षम हूं। सच कहूं तो यह एक रहस्य की तरह है जो बस होता चला जाता है। एक लेखक होने के नाते मैं उस धारा में बहता चला जाता हूं। मेरे जैसे के लिए लिखना कोई आसान काम नहीं था। धन्य हो उन गुरुओं का जिन्होंने मुझे लिखना-पढ़ना सिखाया। खासकर आदरणीय गुरुवार डॉ. कृपाशंकर चौबे सर का शुक्रगुजार हूं जिन्होंने एमए से पीएचडी तक मुझे हिंदी भाषा का संस्कार दिया।

डॉ. अजय कुमार सिंह

1. मुसाफ़िर

रात का मुसाफिर हूं
दूर तलक जाऊंगा
मत छेड़ ए वक्त मुझे
वरना रौद्र रूप दिखलाऊंगा।।

भटका राही ही सही
मुकाम खोजता फिरता हूं
जज्बातों के नाव पर सवार
कारवां खोजता फिरता हूं।।

एक जख्म भरा नहीं
कि दूसरा निकल आता है
दरिया का हर एक कतरा
मुझको डुबोना चाहता है।।

मौत का गिरेबान पकड़
जिंदगी का पता पूछता हूं
हर चौखट पर खड़ा
अपने को खोजता हूं ।।

2. मुसाफ़िर-2

मुसाफ़िर मैं भी हूं
मुसाफ़िर तुम भी हो
तुम किलोमीटर में रात काटते हो
मैं करवटों में रात काटता हूं।।

रोड के राजा तुम
रात का शहंशाह मैं
तुम्हें देख दूसरे किनारे पकड़ते है
रात के निशाचर देख मुझे आहें भरते है।।

न रुकना तुम्हारी फ़ितरत
न झुकना हमारी सीरत
नज़रे तुम से सब चुराते है
मुझे देख नज़रे झुकाते है।।

धूल और धुआं से परे तुम
सदा आगे बढ़ते हो
दर्द और दवा से अंजान
मैं भी संघर्ष करता हूं।।

3. मुसाफ़िर -3

अंधेरे का सिपाही हूं
रातों में बेखौफ घूमता हूं
जब मिलता है कोई हमसफ़र
दुआ-सलाम करता हूं।।

पथरीले रास्तों के आगे
कहीं कोई फूल खिला होगा
तलाश में उसकी
ज़र्रे-ज़र्रे की ख़ाक छानता हूं।।

जिस्म थका सही
इरादें बुलंद मेरे
अभी-अभी होश संभाला है
जितने को दुनिया आगे।।

ए पगली पवन
क्यों इठलाती है
चल बता कहाँ
आशिया मेरा।।

4. मुसाफ़िर-4

रात का नशा
उतरा भी न था
की दिन कि उजालों
ने जगा दिया।।

अभी चलना भी
न सीखा था
ठीक से की
वक़्त ने दौड़ा दिया।।

इस से पहले की
तेरा दीदार होता
बेचैन हो कर
होश मैंने गवा दिया।।

मदहोश हो भटकता रहा
पूरी रात तेरी तलाश में
मिलने की आरज़ू दिल में लिये
तेरा पता पूछता रहा।।

उजाले अपनी यादों की
हमारे साथ रहने दो
न जाने किस गली में जिंदगी की शाम हो जाये।।

5. मुसाफ़िर-5

बढ़ चला था आगे
परवाह किये बिना
चढ़ाई इतनी होगी
नहीं था पता।।

मंजर ऐसा होगा
जनता न था
सामने ऊंचाई थी
वीरान यह नज़ारा था।।

सांसे तेज़ हो
रही थी मेरी
वक़्त भी
थम सा गया था।।

चुप-चाप सीढ़ियां
चढ़ रहा था मैं
समय का यही
ईशारा था।।
कांप रहे थे पैर मेरे
हांफ रहा था मैं
तेज़ हो रही थी धड़कने
जल रहे थे नयन।।

अच्छा है जो
हक़ीक़त से सामना हुआ
कब तक ख़ुद से भागता मैं
तन्हाई में रात काटता मैं।।

चल मन नई राहें
तलाशते है
खुद को फिर एक बार
तराशते है।।

6. चाय

एक कप चाय
पांच किलोमीटर
और एक घंटा
गोरख पांडे से
महमूद की दुकान तक ।।

क्या तिलिस्म है
इस चाय में
जो खींच लेती है
ना पियो फिर भी
सोच कर मजा देती है ।।

चाय पीने के बाद
दुनिया बदल जाती है
वापस रूम आओ तो
बोरिंग किताबें भी महबूबा नजर आती है ।।

बेजान शरीर में
चाय प्राण समान होती है
अंदर जाते ही
चार हॉर्स पावर का ताकत
एक कप चाय देती है ।।

चाय की महिमा अपरंपार
ऐसा अपुन बोलता है
जो पिया वही जिया
जो नहीं पिया
वह क्या जिया।।

कॉलेज स्ट्रीट (कोलकाता)की चाय
अभी बाकी है
देखते है चाय की तलब
आगे किस चौराहे की ओर
ले जाती है।

7. चाय-2

गुणात्मक मात्रात्मक
अंतर्वस्तु विश्लेषण
साहित्य पूर्वालोकन
केस स्टडी इंटरव्यू
क्वेश्चन अनुसूची
यह सब क्या है ।।

जी शोध के तरीकें
जो दिमाग को शोध देते हैं और शरीर को तोड़ देते हैं
अगर जो समय पर चाय
न मिले तो शोधार्थी का गाला
घोट देते है।।

इस तरह चाय
मोक्ष-दाता दुःखहर्ता
प्राण-रक्षक कष्ट-निवारक हैं
हर काम प्रभु का करता है
चाय ईशवर है
चाय पथ प्रदर्शक हैं।।

चौराहें का चाय
सिम्पलीसिटी का प्रतीक
तो प्लेन का चाय

स्टेट्स सिंबल बन जाती है
चायपती चीनी दूध को असेम्बल
करो तो चाय बन जाती है।।

कंटेंट-एनालिसिस ऑब्जर्वेशन
और कॉम्परिजन से मैंने यह
शोध निष्कर्ष पाया है
सुबह में चाय न मिले तो
जीवन और जगत सब दिखता
माया है।।

बाकी आगे क्या कहूं
सब प्रभु की माया है
पूर्वोत्तर भारत की मीडिया
पर अपना शोध है
चाय पर भरोस है
प्री-सबमिशन हो पाया है।।

8. चाय-3

चाय-1 चाय-2
चाय-3 चाय-4
चाय-5 भी हो सकता है ।।

चार चाय जरूरी है
कम से कम
रोजाना के लिए ।।

ठीक उसी प्रकार जैसे
चार यार जरूरी हैं
गप्पयाने के लिए ।।

एक हमसफर
जरूरी है रूठने-मनाने
के लिए।।

एक लक्ष्य जरूरी है
खुद को आज़माने
के लिए।।

अगर कुछ न हो तो
सब कुछ है
पाने और करने के लिए।।

9. आवारा बादल

तुझे याद करके
इस तरह बारिश में
मैं भींगता रहा
तू मुझे चाहे या ना चाहे तेरी यादों को ही मैं चूमता रहा।।

कमी क्या थी मुझमें
जो तेरी प्यार का
सहारा ना मिला
अगर जो इश्क खता
तो कर डाली हमने ।।

सजा जो मुकर्रर हो
गवारा मुझे
ए आवारा बादल
क्या तूने पूछा
भींगाने से पहले।।

10. समीकरण

तेरे प्यार में
सेटेलाईट बना
जाता हूं ।।

तेरी यादों के
रोज़ 360- डिग्री
चक्कर लगाता हूं।।

उम्मीद है
अपने प्यार की
परिधि नाप पाऊंगा।।
एक दिन तुझे
अपनी प्यार की रेखा गणित समझाऊंगा।।

11. अंतः संवाद

जो खींच दी है
लकीर हमारे दिल में
उसे कौन रंग भर पाएगा ।।

शब्दों में अगर कहूं
तो मेरी तन्हाई को
कौन महकायेगा।।

कहां था पड़ा मैं
क्या कभी मैं
जान पाऊंगा।।

आज सोचता बैठा यहां
क्या तुझसे मिल
भी पाऊंगा।।

खामोश है लब मेरे
पर भाव नहीं
मरे अभी ।।

चीखती है
तन्हाई मेरी
कराहते हैं रूह मेरे ।।

डॉ. अजय कुमार सिंह

नैन में जल-धार भरे पड़े
प्राण यूं ही
सूखा पड़ा।।
क्या यही रहेगा
वजूद मेरा
या बदलेगी सीरत मेरी ।।

खुद से सवाल पूछता हूं?
क्या कभी मैं भी
खड़ा हो पाऊंगा ।।

वक्त ने बहुत तोड़ा मुझे
ज़ख्म दिए बहुत गहरे
मरहम कौन लगाएगा।।

पूछता हूं खुद से मैं
आने वाला कल
क्या कुछ लेकर आएगा ।।

12. गर्मी

जेठ की गर्मी में
दूर तलक है सन्नाटा
छाया हुआ।।

तप्ती दोपहर में
लगता सृष्टि
बेजान पड़ा।।

पेड़ सूखे
पत्ते सूखे
हैं नदी सूखा पड़ा।।
मनुष्य और
जानवर दोनों बेजान
जहाँ का तहां पड़ा।।

गर्म हवाएं हौसले को तोड़ती है
धूलों का गुबार
आगे बढ़ने से रोकती है।।

जल रही है धरती
गर्म है आसमां
मानो ब्रह्मांड में आग लगा पड़ा।।

डॉ. अजय कुमार सिंह

रुक जा ओ पथिक
वातावरण चेताती है
प्रकृति का नियम कड़ा।।

हरयाली भी मरुस्थल बना जाता है
प्रकृति के विरुद्ध जो जाता
वह उसी का हो जाता है।।

13. रेल

तुम इस तरह चल कर
पटरी पर आती हो
मैं बेपटरी सा
हुआ जाता हूं।।

तुझसे मिलने की चाहत में
बिना सोये सारी रात सुबह दौड़
स्टेशन पहुंच जाता हूं।।

कभी डिस्प्ले, कभी एप्प
कभी घड़ी तो कभी अनाउंसमेंट से
तुम्हारी थाह लगता हूं
आता तुम्हें देख मन ही मन मुस्काता हूं।।

14. एकलव्य

ओ एकलव्य
आज फिर आया हूं
तुझसे संवाद को
नये शब्द लाया हूं।।

तू महाभारत का पात्र
आपुन वर्तमान का नायक
तीर-धनुष तेरे हथियार
कलम से आपुन करता प्रहार।।

भूत ने नहीं दिया तेरा साथ
आपुन वर्तमान से नाराज
तू है बड़ा योद्धा
आपुन ने भी कम युद्ध नहीं लड़ा।।

चल आगे की बात
कल करते हैं
कुछ नए परते
उधेड़ते हैं।।

15. नव्या

तू ब्रह्मांड है
मैं विस्तार तेरा
तेरा जन्म लेना ही
उद्धार मेरा ।।

जहां-जहां पैर पड़ते हैं तुम्हारे
बदलता जाता संस्कार मेरा
तेरे पास जब भी होता हूं
नहीं पता कैसे कटता वक्त मेरा।।

तुझसे दूर रहने का
नहीं करता मन मेरा
तुम्हारी आवाज जब सुनता हूं
हिल जाता है तन मेरा ।।

तुम्हारी प्यारी मुस्कुराहटों पर
सर्वस्व समर्पण मेरा
परी है तू
और प्यार मेरा।।

16. नव्या -2

क्या लिखूं तुम पर शब्द नहीं मिलते है
बस तुम्हारे साथ
खेलने का मन
करता है।।

तुमको देखने का मन
करता है और करता है
मन तेरे हाथों से पीटना
जब तुम गुस्सा होती तो
मेरी माँ नज़र आती है ।।

तुम्हें जो चाहिए
बस चाहिए
चाहे पड़े उसके लिए
जमीन पर छटपटाना ।।

याद आता है मुझे
तुम्हारा जोर से मेरे कंधे
पर दांत काटना और
तरह-तरह मुँह बनाना ।।

नहीं मन भरता फ़ोन
पर सुन कर तुम्हारी शैतानियां

आ रहा हूं फिर मिल कर
तुमको सुनाएंगे कहानियां।।

17. नव्या-3

सोचा था कोलकाता
पर कुछ लिखने की
कोशिश करूँगा
पर दिलो-दिमाग में
तुम ही तुम छाई हो।।

तुम्हारा चुपके से मेरे
टेबल के पास आना
मेरी किताबें छीन कर
एक झटके में पढ़ जाना।।

मेरे डांटने पर
मुँह चिढ़ा कर
दूसरे मकसद में
लग जाना ।।
थोड़ी देर में
जोर की आवाज़ का
मेरे कान से टकराना
समझ जाता हूं तुम्हारे
द्वारा किसी और समान
का फर्श पर गिराया जाना।।

18. नव्या-4

अच्छा हैं तुझ से दूर गया
तभी तुम्हारा कद्र समझा
दूरी अक्सर रिस्तों की अहमियत
बताता है पास हो भगवान भी तो
इंसान नज़र आता है।।

तेरी बदमाशियां
मेरे दिल और मोबाइल
में कैद है जिसे मैं देखा करता हूं
तू मुझ से दूर क्यों है
अक्सर भगवान से शिकायत करता हूं।।

शायद इसमें भी
छिपा कोई रहस्य होगा
क्या करूँगा जान कर
रख रे तू भगवान
ख़ुश हूं मैं
आज नव्या से मिलना होगा।।

19. नव्या-5

आप सोफे पर होती हैं
तो डरता हूं
आप गिर न जाए
ये सोचता हूं
तब तक आप गिर पड़ती हैं
और रोने लगती हैं ।।

किसी तरह चुप करता हूं
सोचता हूं इस बार आप पर ध्यान दूंगा
किसी ऊंचाई पर न चढ़ने दूंगा
जब तक यह सोचता हूं
आप कुर्सी पर चढ़ी मिलती हैं।।

वहां खड़ा हो हिमालय
जीतने का स्माइल और पोज़ देती हैं
इस बीच आप संतुलन खो बैठती हैं
फिर से ज़मीन पर होती है
आप रोती है मैं चुप करता हूं।।

थोड़ी ही देर में आपको
फिर कहीं खड़ा पता हूं
न शब्द , न भाषण पर
जीवन दर्शन आप बताती हैं गिरो चाहे जितना

वापस खड़ा हो जश्न मनाओ उतना।।

20. जंगल

रात और जंगल के बीच का सफर
अजीब सी सिरहन है
सामने जंगल की विशालता
भय का आवरण है।।
ट्रेन से छिटकती रोशनी
घुप अंधेरे को बींधती है
पेड़ों की शृंखला
धरती की ताप हरती है।।

पता नहीं कौन है यहां
जानवर और पंछियों
के अलावा कोई आदमी
मिलेगा क्या यहाँ?

अमरकंटक के राज़दार
त्रि-नेत्र के सहचर
योगिराज के विशालता के प्रतीक
हैं यह जंगल।।

21. अमरकंटक

झाड़-झंकार, पर्वत-पहाड़
लंबे-लंबे वृक्ष
विशाल जंगल
लगता धरती से गगन तक
इनका विस्तार ।।

सभ्यता मौन पड़ा
प्रकृति चुप खड़ी
इस शून्य में लगा
महाकाल
महा योगी का दरबार ।।

शून्य से शुरुआत
शून्य में अंत
शून्य की न परिभाषा जो शून्य को अनुभूत करे
उसे कहां मोह-माया और आशा ।।

वैराग्य के पथ पर योगी
ठेंगे पर दुनिया रखता है
महायोग के इस धरा पर
वीरानियों में भी
अठखेलियां करता है।।

डॉ. अजय कुमार सिंह

अमरकंटक के यह नज़ारे
बस एक पाठ पढ़ाते है
योग की शरण में
ज्ञान-अज्ञान के भेद
मिट जाते हैं।।

22. अमरकंटक-2

ओ इस कायनात के कारसाज
बख़्श दे अपने चाहनेवालों को
की तेरी जुस्तजू लिए
तेरे हुकूमत में
घुसा चला आया है।।

शहंशाह है तू इस रियासत का
अदने से है हम
की तेरा दीदार पाने
फरियादी तेरे दर पर आया है।।
तेरी दरियादिली के चर्चे आम है
खाली न गया कोई दर से तेरे
अरमां का गुलिस्तां सजाये
दीवाना इधर आया है।।

तेरी नज़र-ए-इनायत हो तो
हम भी बदल ले मुक़द्दर अपनी
दर-ब-दर की ठोकरे खा कर
यह फ़क़ीर ख़ुद से हुआ पराया है।।

23. चुनाव

लोकतंत्र है भाई
राज्य है साम्राज्य नहीं
जनता ही जनार्दन
नेता पेले पड़े है भाषण।।

न मुद्दा का पता
न चौहदी का ज्ञान
पर दावा है हल कर देंगे समस्या तमाम।।

जनता टुकुर टुकुर ताकती है
सब में गांधी, लोहिया, अम्बेडकर
को तलाशती है।।

नेता जी भी सब समझते है
खुद को सबके प्रतिनिधि
होने का दंभ भरते है।।

जनता भी समझती है
वोट देने से पहले
जाती, धर्म, संप्रदाय
सब देखती है।।

देश का हो रहा बंटा धार है
मलया, नीरव, चौकसी
सीमा पार है
वही से चला रहा व्यपार है।।

24. चुनाव-2

इस देश का शासक कौन
वक्त ही बताएगा देखते है
सत्ता के संग्राम को
परिणाम में कौन बदल पाएगा ।।
उर्वर है भारत मां की भूमि
एक से बढ़कर एक सूरमा यहां
है कौन वह जो देश को
मजबूत नेतृत्व दे पाएगा ।।

लोकतंत्र के समर में
युद्ध भीषण होना है
छल कपट का सीना चीर
जनमत जीतकर तिरंगा
लाल किले पर फहराना है ।।

है जो वीर यहां
वहीं झूठ प्रपंच भय भ्रष्टाचार
के चक्रव्यू को भेद पाएगा
टकराएगा देश की नकारात्मकता से
अखंड भारत को पूरे विश्व में
ध्वजवाहक बनाएगा ।।

है कौन भारत मां का वीर सपूत

जो यह कर पाएगा
आने वाला चुनाव परिणाम
इस रहस्य से पर्दा हटाएगा।।

34

25. चुनाव-3

हे भारत भाग्य विधाता
के मतदाता, मन और मस्तिष्क से मतदान करना ।।

पांच साल का लेखा-जोखा
याद करना, समय तुम्हारा है
खुद के साथ इंसाफ करना ।।

धनबल-बाहुबल के जोर
आजमाइश से मत घबराना
अपने आत्मबल पर विश्वास रखना।।

अगर जो कोई भड़काने की
कोशिश करें, हाथ जोड़
दुआ-सलाम करना।।

वोट देते वक्त और न कोई
सिर्फ तुम अकेले होगे
बस यह याद रखना ।।

तुम्हारी एक वोट से
बनेगी मुल्क सारी
सोच-समझ कर मतदान करना।।

26. प्यार है तुमसे

प्यार है तुमसे
पूछ लो खुद से
पूछ लो सबसे
पूछ लो मुझसे ।।

प्यार है तुमसे
न जाने कब से
शायद देखा तुमको
तब से या फिर तुमने
मुझे देखा तब से ।।

प्यार है तुमसे
सच बोलता हूं
पूछो रब से, देखो
हां कहने के लिए
खड़ा है कब से ।।

प्यार है तुमसे
कैसे बताऊं
तुम जैसे चाहो,
बोलो तो टंकी पर चढ़कर
तेरा नाम चिलाऊं ।।

डॉ. अजय कुमार सिंह

प्यार है तुमसे
एक बार जो हां कर दो
तारे तोड़ लाऊं
चांद को चकोर बनाऊं
सूरज को ठंडा कर दूं
पृथ्वी को स्वर्ग में बदलूं
समंदर को मीठा कर दूं।।

प्यार है तुमसे न मानोगी तो
पर्वत पर चढ़
योगी बन जाऊं ।।

प्यार है तुमसे
पान वाला भी जानता है
चाय वाले से पूछ लो
सब जानते हैं ।।

प्यार है तुमसे
चाहो तो बहती
हवाओं से पुछो
तैरती घटाओं से पूछ लो ।।

प्यार है तुमसे
कब समझोगी
कैसे समझाऊं
केमिस्ट्री का फार्मूला नहीं

मैथ्स का अलजेब्रा नहीं ।।

प्यार है तुमसे
विश्वास है
एक-न-एक दिन
खुद समझ जयोगी।।

27. सवाल

सवाल से सवाल का
हल सवाल छोड़ जाता है ।।

सवाल के जवाब में
सवाल निकल आते हैं ।।

जवाब देने के बाद भी
कई सवाल रह जाते हैं ।।

सवाल अक्सर पूछे जाते हैं
सवाल खड़ा करने के लिए ।।

न दो जवाब तो भी
सवाल खड़ा किये जाते है।।

सवाल से कौन बचा
यह भी सवाल है?

28. बाबा साहब भीमराव अम्बेडकर

बाबा साहब भीमराव अम्बेडकर
जन, गण, मन के अधिष्ठाता
संविधान निर्माता
आधुनिक भारत के जन्मदाता।।

दलितों के भगवान
वंचितों के मसीहा
शोषितों के पैगम्बर
जन आकांक्षाओं के नेतृत्वदाता।।

समता, बंधुता और न्याय
के महान प्रणेता
गरीब-गुरबों के तारणहार
राष्ट्र गौरव राष्ट्र के निर्माता।।

कर्मयोगी, ज्ञानयोगी
करोड़ों के पथप्रदर्शक
आप को पा कर
धन्य है भारत भाग विधाता।।

29. चिलम

काशी घाट का किनारा
चिलम से उठता धुंआ
विचारों की तीव्र टकराहट
परा-व्यक्ति संचार आरंभ ।।

दिमाग के कोने में
बसा रखा है आपको
दिल में गढ़
बना रखा है आपने ।।

कहां ईंट -पत्थरों के घरों
में बसे हैं श्रीमान
जज्बातों के महल में
बसा रखा है आपको ।।

माना आप देवों के देव हैं
आपको पता भी है
यह नाम भी हम ही ने
दे रखा है आपको ।।
आँखे खोल कभी
मिलिये तो सही जनाब
इस जहां में बहुत

चाहने वाले हैं आपको ।।

30. मन

थका हुआ हूं बहुत
वजह जानता हूं
मन क्यों नहीं थका
वजह नहीं पता ।।

तभी तो रात 12:00 बजे
कविता में लगा है
कुछ लिखने के खातिर
बैचेन बड़ा है।।
यह शरीर ही है
जो थकता है
वरना मन तो
सोते समय भी
विचरण करता है ।।

मन रोता है हंसता है
मन बोर होता है मन भाव-विभोर होता है
मन कभी नहीं सोता है ।।

31. बतकही

पसीने में लतपथ
रात में बिस्तर पर पड़ा हुआ
गर्मी का आलम जैसे
रह-रह कर ज्वाला धधक रहा ।।

गांधी, नेहरू, भगत, सुभाष पर
उनसे शाम में की गई तक़रीर
दिमाग में कुचालें भर रहे थे
इतने महापुरुष एक साथ
मेरे अंदर लड़ रहे थे।।

तभी जोर की बिजली कड़की
लगा मुझे अंदर की लड़ाई
बहार आ धमकी जोर की बारिश हुई ।।

मिटी की सौंधी गंध
हवा की ठंडक
वातावरण की नामी
सोता हुआ महसूस हुआ था।।

सुबह आलास में घिरा
सोच रहा था

ज्ञान की राह में
भाव पीछे छूट जाता है
बातीयाना चाहो कुछ
मुद्दा कुछ और छा जाता है।।

तभी खिड़की से बाहर नजर गई
देखा दूर तक
घनघोर घटा है छाई हुई
लगता है कुदरत है आज कुछ
पगलाई हुई।।

फ़ोन पर घंटी बजी
तत्काल टिकट की याद आई
उसके बाद गिरते-पड़ते
स्टेशन की और मैंने दौड़ लगाई।।

32. मैं और ट्यूब लाइट

बैठ तन्हाई में सोचता हूं
कभी चारपाई कभी तकिया
कभी बिस्तर पर रखे
बैग को देखता हूं ।।

देखता कुछ हूं
सोचता कुछ हूं
करता कुछ हूं
होता कुछ है ।।

देखता सोचता करता होता
सब एक होते तो क्या होता
सब मेरे इशारे पर नाचते तो
क्या न होता ।।

पर ऐसा होता कहां है
आधे-अधूरे से होते हैं आप
कुछ किताबों में, कुछ ख्यालों में
कुछ दोस्तों के करीब
कुछ खुद के साथ ।।

बंटे हुए हैं हम
टुकड़ों-टुकड़ों में

डॉ. अजय कुमार सिंह

अधूरे से हम, अधूरे से आप
और अधूरी यह रात ।।

33. सफ़र

शहर दर शहर
बीतता यह सफर अंजान राहों की और
बढ़ता जाता है।।

नए चेहरे नए लोग
नई संभनाओं से मिलवाता है
पुराने ज़ख़्म पर
नया मरहम अच्छा है
पर पीछे आंसू छोड़ जाते है।।

किसे याद करू
किसे भूल जाऊ
नम हो आंखे तो
शब्द अधूरे रह जाते है।।
मत पूछ हाल ए दिल का
जैसे-तैसे खुद को संभाला है
नागपुर और रायपुर के बीच
दौड़ती यह रेल
तेरी यादों से भरा है
और बैठा यह अकेला है ।।

34. वर्धा से कोलकाता

अपने फ़ोटो का
सब हीरो होता है
जैसे अपनी गली
का गब्बर होना।।
मुश्किल है नए जगह
पर नए लोगों के बीच
अपने अरमां को बसाना।।

उससे भी मुश्किल है
उसे तोड़ कर नए
मंजिलों की और
बढ़ जाना ।।

याद आते है लोग
याद आते है चेहरे
याद आता है याराना
बहुत मुश्किल है
सब पीछे छोड़
आगे बढ़ जाना।।

35. रचना

चुनौती है लिखना
पिछला ध्वस्त करना
नए को रचना ।।

शब्द-साधना कर
आस-पास फैले बिम्बों
का रूपांतरण करना।।

इन सब के बीच
खुद को नये सिरे से
परिभाषित करना।।
खुद के साथ
खुद से जुदा
खुद से अंजान रहना।।

कभी हँसना
कभी रोना
कभी खुद से खफ़ा होना।।

36. सपना

सपना लिए आंखों में
नींद के रास्ते
तुझ तक पहुंच जाता हूं ।।

तुझे क्या पता
पूरी रात सपने में
तुम्हारे साथ ही होता हूं ।।

जागती आंखों से भी
मैं तुम्हारे सपने
देखा करता हूं ।।

युवा हूं सपने साकार
करने का भी हौसला
रखता हूं ।।

तू चाहे ना चाहे
रोज तेरे ही सपने
आंखों में सजाया करता हूं ।।

37. मालगाड़ी

माल गाड़ी सी जिंदगी अपनी
खाली-पीली दौड़े जाती है
न सवारी का पता
न कोई ठिकाना
बस बढ़ते जाता है।।

कितने गुफा आये
कितने सुरंग गुज़रे
पार कर कई पुल
पर अभी तक कोई
स्टेशन नहीं आया।।

सोचता हूं एक दिन
मेरा भी वक़्त आएगा
कोई मुसाफ़िर मुझ
पर चढ़, मुझे भी
व्यवहारिक बनाएगा।।

इस जीवन का औचित्य
मुझे समझायेगा
झूठ का आडंबर तोड़
सत्य के करीब लाएगा।।

38. अज्ञानता

बांस, बरगद, यूक्लिप्टस
खेर, खजूर, अमरूद, आम
के फैले पेड़ कहां से यहां आये
कोई बताएगा क्या ।।
बात-बात में श्रेय लेने वाले महामहिम
इस सुंदरता का रहस्य शायद
ही कोई मानव खोज पायेगा।।

महाकाल, महायोगी, महा...महा...
चाहे जितनी संख्या कर लो
जिनके बारे में सोच रहे हो
बोल रहे हो, लिख रहे हो
बना कोई शब्द, तस्वीर, भाव,
समझ, परिभाषा, अभिव्यक्ति
जो उनके वजूद को बांध पायेगा ।।

हे मानव तेरी अज्ञानता ही
तेरी ताकत है बस इसको
मन से स्वीकार कर
जिस समय ऐसा हुआ
उसी समय तेरा उद्धार हो जाएगा।।

व्यर्थ है यह तर्क-वितर्क
ज्ञान का मटका सर पर
लाद कहां तक जाएगा
आम आदमी की भाषा बोल
खुद भी खुश रहेगा
औरों को भी हंसाएगा।।

39. गीतांजली एक्सप्रेस

चाहता हूं यार तुमको
पटरियों पर फैला है प्यार अपना
लाल सिग्नल में प्यार ग्रीन सिग्नल में तक़रार अपना।।

हर डिस्प्ले पर लिखा तेरा नाम है
तेरी ही नाम की हो रही उद्घोषणा है
सारे टिकट पर तेरा पता दर्ज है
क्या अभी भी तुमको कुछ सोचना है।।

ट्रेन की तरह है प्यार अपना
कभी मेल, कभी एक्सप्रेस,
कभी पैसेंजर बन जाता है
कभी दौड़ता है तो कभी
आउटर पर रुक जाता है।।

एक तुम हो जो हमेशा
मेरा चैन पुल्लिंग करती हो
जुर्माना मैं भरता हूं
मुस्कुरा कर तुम चल देती हो।।

मैं भी कहाँ मानने वाला
छोड़ कर तुमको आगे बढ़ने वाला
जानना चाहती हो तो जानो

पटरियों के बीच फैले हर गिट्टी पर
लिख दिया है नाम तेरा।।

40. सुभाष सरोवर

है इंसा कहां यहां
दिखते है सिर्फ
पेड़ दरख़्त और
फैला हरयाली
पानी का किनारा
तैरती मछलियां दूर तक फ़िज़ाये
सूखे पत्ते जमीन पर
टूटी टहनियां इधर-उधर
हरे-हरे घास
बादल घिरे हुए
कौओ का क्रन्दन
कोयल की कू-कू
गिलहरियों का फुदकना
आम के पेड़
मन बाबरा
तन बईमान
दम मार
कहीं नहीं ऐसा समा ।।

41. कोलकाता

दो महा के बीच
अधर में जिंदगी अपनी
एक महा में बैठा हूं
एक का कोई आता-पता नहीं
एक नगरों में महानगर है
एक देवों के देव हैं।।

एक में विचरण करते
दूसरे को खोजता हूं
जब दूसरे को खोजता हूं
तो पहला औकात बताता है।।
चमचमाती गाड़ी
बड़े-बड़े आटालिकाये
मखमली बाल और चिकनी चेहरे तंग कपड़े और ऊपर से
टैटू का जलवा
बाप रे बाप पागल हुआ जाता हूं।।

और उधर बर्फ की बिछी चादर
गंगा की लहराती धारा
बड़ी और सघन जटाए
गले में पड़ा विषधर
प्रचंड योग का धधकता उज्जाला।।

अच्छा है यह भी अच्छा है
चला था महायोगी को
महानगर में तलाशने
अपना फटे हाल देख
खुद पर ही तरस आता है।।

सुधर जा रे बच्चा
जो दिख रहा है
वह सत्य समय और समाज का
और जो दूसरा है वह
सत्य आस्था और विश्वास का
क्या अभी भी फर्क
समझ नहीं आया हैं।।

42. आशिकी

इज़हार ही तो किया था
थोड़ी न घर पर तेरे
बारात ले कर आया था सस्ते में चलता कर दी।।

क्या होता जो चुप-चाप
हां कर देती, आशिकों के फेहरिस्त में
अपना नाम भी शामिल होता ।।

लैला-मजनू, हीर-रांझा के बाद
तेरा-मेरा नाम स-सम्मान लिया जाता
मुझको तुम मिल जाती
तुमको मैं मिल जाता ।।

सोचा छोटा सा आशिकी
की दुकान मैं भी चलाऊंगा
आशिकी का भूत चढ़ता
उससे पहले ही तुमने दंगा कर दिया।।

सारे अरमान गुड़-मिट्टी हो गए
जब मेरे प्यार का
पंचनामा तुमने कर दिया
आशिकी गया तेल लेने
बंटाधार इश्क़ का कर दिया।।

43. प्लेटफार्म

वो मुझे देखती हैं
मैं उन्हें देखता हूं
नज़र से नज़र
टकराती है।।

कान के पीछे
जुल्फों को वो करती हैं
शर्मा कर नज़र मैं भी चुराता हूं।।

थोड़ी देर बाद दोबारा
यह प्रक्रिया होता है
सहज रहने का देखावा
वो भी करती हैं
मैं भी करता हूं।।

अमूमन प्लेटफार्म
पर ऐसा होता है
समय भी कट जाता है
दिल भी सुकू पता है।।

44. जनशताब्दी एक्सप्रेस

भटकता फिरता हूं यहां-वहां
खोजता फिरता हूं खुद को जहां-तहां
आते-जाते लोगों को देखता हूं
सब में अपनी कहानी तलाशता हूं।।

ये प्यास है कैसी
जो बुझती नहीं
कैसी है यह आरज़ू
जो मिटती नहीं।।

नहीं पूछुंगा ख़ुदा से
कहां ले जाएगा यह कारवां
भटकने की आदत है
मिट भी गया तो रह
जाएगा अपना निशा।।

45. DR-2

सफर करो तो
कितने चेहरे याद
आते है पर सब से अलग
बगल वाली का चेहरा है ।।

क्यों की सब भूत में
और यह वर्तमान में ठहरा है
इस चेहरे को देखते हुए
दूसरे चेहरे ने मेरे चेहरे को
देख लिया ।।

अपना चेहरा छुपाये
अभी खिड़की से बाहर देख रहा हूं काश दूसरा
चेहरा दोबारा मेरे चेहरे को
दोबारा पहले चेहरे को देखते
न देखे ऐसा सोच रहा हूं।।

46. रण

जीवन रण है
लड़ना ही होगा
इधर-उधर क्या देखते हो
जो भी परिणाम आये
युद्ध भूमि में उतरना ही होगा।।

क्या लेकर आये हो
जो खोने से डरते हो
बाहर बस छलावा हैं
असली दुश्मन अंदर
घात लागये बैठा है।।

पल भर में तुम्हारे
फैसले पलट देता है
तुम जो चाहते हो
असंभव करार देता है
और क्षीण चाहतों को
संभव बना देता है।।

मन, मूड, समय, तबीयत
परिस्तिथि, कल शब्द नहीं
दुश्मन है तुम्हारे

डॉ. अजय कुमार सिंह

जो तुम पर परोक्ष वार करते है
जैसे है कुछ करने की सोचते हो
अंदर से तुमको रोक
कारण बाहर का बताते है।।
सफलता के मापदंड को बदलना है
तो इनको हराना ही होगा
कल नहीं आज नहीं
अभी के अभी खुद से
लड़ना ही होगा।।

47. जवान

जवान हो फिर क्या सोचते हो
खून खोलती है तुम्हारी
रोज क्रांति की बातें करते हो
सबको कठघरे में खड़ा करते हो
फिर क्या सोचते हो।।

कभी तो समय से तेज़ भागो
दुसरो को काम बता
कब तक खुद को श्रेष्ठ साबित करोगे
माना की सब गलत कर रहे हैं
तुम सही की शुरुआत कब करोगे।।

कब तक 1.5 जीबी - 2 जीबी से
सपनों को उड़ान दोगे
कभी तो हक़ीक़त में भागो
मुद्दा तो बहुत है
खुद के साथ कब न्याय करोगे।।

दुनियां बदलने की बात करते हो
शुरुआत कहा से होगी पता है
सोच तुम रहे हो, बोल तुम रहे हो
शुरुआत की केंद्र में भी तुम ही हो जवान हो फिर क्या
सोचते हो।।

48. रूम नंबर-67

तड़पता हूं
वजह नहीं पता
बेचैन हूं
कब से नहीं पता।।

तुझे तलाशता हूं
तेरा पता नहीं पता
तेरी तलब है
मकसद नहीं पता।।

कौन हो तुम
मुझे नहीं पता
महसूस करता हूं तुमको
क्या तुमको है पता।।

सच बोलता हूं
कब होगा तुम्हें पता
आवारा कब तक भटकूंगा
नहीं पता।।

49. 3/7/19 में 6 मिनट बाकी

रात गहरी होती जाती है
दर्द भी बढ़ती जाती है
सुकू का नामोनिशां नहीं
अंदर हलचल सा मचा है।।
समंदर में ज्वार भाटा आया है
लहरे दूर तलक उठ रही है
कुछ न कुछ हुआ जरूर है
शायद जमीं पर चांद उतर आया है।।

है कौन वह जो आज
ख़यालों में आया है
अपने साथ पूरा क़ायनात
सहेज कर लाया है।।

आंखों में उम्मीदें जगी है
दिल में अरमानों का बारात सजा है
बहुत हुआ अब आ भी जाओ
ये रात फिर नहीं आएगी।।

50. परी

सोचता हूं तुम पर
कविता लिख डालू
पर डरता हूं
शब्द कहां से लाऊंगा।।

जो सौंदर्य तुम्हारे
मुख मंडल पर
तेज तुम्हारे व्यक्तित्व का
उसे कहाँ गढ़ पाउंगा।।

साधारण सा हूं मैं
सीमित ज्ञान से
असाधारण रचना कैसे कर पाउंगा ।।

परी हो तुम
कलाकार नहीं मैं
कैसे तुमको
आकर दे पाउंगा।।

51. फेसबुक

अक्सर तुम्हारा प्रोफाइल देखता हूं
तुम्हें पता ना चल जाए इसलिए
बिना लाइक और कमेंट किये ही
अपने प्रोफाइल की और लौट पड़ता हूं।।

ऐसा एक नहीं कई बार होता है
जब-जब तुम कुछ शेयर करते हो
सबसे पहले लाइक-कमेंट करने में डरता हूं
मेरे जज्बातों का अहसास न हो ध्यान रखता हूं।।

दूसरों के लाइक-कमेंट देख कर
तुम्हारी सखिशयत का अंदाज़ा होता है
बड़ी हस्ती हो तुम इसलिए ही तो
दिल तुमको कुछ बताने से घबराता है।।

52. वर्धा चौराहा

चौराहे से पूछो शहर का हाल
दिल में तो अंधेरा छाया है
किसकी याद आई है इस मौसम में या लगता
मन यूं ही बौराया है।।

एक चेहरा दिखा चौराहे पर
लगता ख़ुदा ने तराशा है
हम भी फ़क़ीर ठहरे
इश्क के बाज़ार में
आज दिल क्यों हुआ पराया है।।

ज़ुल्मी अब सितम बंद कर
बख्स मुझे कितना तड़पायेगा
तुझे भी कभी प्यार हुआ होगा
मुझे और कितना
इंतेज़ार करवाएगा ।।

इंतेहा की भी हद होती है
अब तो चौक-चौराहे भी
सवाल मुझसे पूछते है
कब तक भटकोगे मिया
कमबख्त तन्हाई है की
पीछा नहीं छोड़ती है।।

53. आप

अच्छा नहीं किया आपने
जो आदत लगा दी अपनी
आपके सानिध्य में रहना बहुत अच्छा लगता है
हर पल जीवन का मानो
सपने जैसा कटता है।।

आप नहीं होते है फिर भी
आपकी यादें साथ होती है
जब आप सामने होते है
तो दूरी की डर सताती है
बहुत बात अभी बाकी है
यह रात अभी बाकी है।।

आपकी लत जो लगी मुझे
कहीं चैन से जीने नहीं देती
नशा सी है आपकी अदाएं
मदहोशी का मज़ा देती है
मैं जहाँ जिस हाल में भी रहूं
हमेशा मुझ पर चढ़ी रहती हैं ।।

54. नज़र

इस तरह से
देखती हो
हिल जाता हूं मैं
नज़रे नस्तर तुम्हारी क़त्ल करती है।।

आवारा हूं मैं
आशिक क्यों
बनाती हो।।

आज वर्धा
कल पटना
आगे पता नहीं
कहाँ जाने वाला।।

आज अगर
खो गया
तुम्हारी नज़रों
में पता नहीं मैं
कब उठने वाला।।

55. बारिस

न जाने क्यों सुबह से ही
बादल बरस रहे हैं
एक हम हैं जो ना जाने
किस बात को लेकर
उलझ रहे हैं।।

यह दुखों की जो वेदना है
खालीपन का जो एहसास है
दुनिया के साथ बारिश में
भीगने नहीं देती ।।
सब तो भीग चुके है
छोड़ मुझको, पता नहीं
पानी का एक कतरा
मुझ तक पहुँचा नहीं।।

दुख और सुख एहसास है
जो बदलते रहते हैं
आज मन उलझा है
शायद कल ना रहे ।।

56. नमस्कार वर्धा

दहक रही हैं आँखें
तरश रहे हैं हम
पता नहीं पटना से
वर्धा के बीच क्या
छोड़ आये हैं हम।।

इतनी रात गई
नींद नहीं आती हैं
शरीर थका मन थका
अलसाये हुए और
ऊबे-ऊबे से हैं हम।।

रात गहरी जाती है
सुकून कहाँ आती हैं
सुबह की आहट से
मन घबराता है सोने को
तरस रहे हैं हम।।

57. वर्धा की बारिश

सोचता हूं बदल दूं
सामने का नजारा
सोचता हूं बदल दूं
जीव और जगत सारा ।।

साथ में यह भी सोचता हूं
कि मैं यह क्यों सोचता हूं
सोचने और करने में
सदियों का फासला है ।।

जो करते हैं वह सोचते कहां है?
जो सोचते हैं वह करते कहां है ?
सच यह भी है कि
सोच कर ही सब करते हैं ।।

अब सवाल मन में आता है
कुछ करने का ख्याल
क्यों नहीं आता है?
हाय रे वर्धा की बारिश
कुछ ना करने का मन
ले रहा है तुम्हारा सहारा ।।

सुबह से दोपहर हुआ

डॉ. अजय कुमार सिंह

अब दोपहर से शाम
क्या ऐसे ही कटेगा
आज का दिन सारा ।।

58. वर्धा की बारिश-2

कल शाम की गर्म चाय
ऊपर से पकोड़े की ज़ायका
और दोस्तों का साथ
याद है ।।

माखनलाल के रंगीन किस्से
मित्रों से सुनना साथ में
जोर का ठहाका लगाना
अच्छा है।।

जब मौसम बारिश का हो
तो तन्हा कमरे में एक पर एक
भावनाएं आकार लेती है
ठीक है ।।

चारों तरफ बारिश है
पता नहीं क्यों मन
अभी भी प्यासा है
नहीं सुधरेगा।।

59. वर्धा की बारिश- 3

कहीं दूर जाने का
मन करता है
जहां न कोई हो
सिर्फ तन्हाई का बसेरा हो।।
वक्त की पाबंदी
ना आड़े आए
रिश्तों की दीवार
जज्बातों को न घेरे।।

पड़े रहे वही अकेले
कोई न खोजने आए
सारे सवालों से उलझे
एक-एक को चुनकर सुलझाएं ।।

काश की ऐसा हो
जीवन की पहेली
किसी दिन मेरे मत्थे
पड़ जाए ।।

60. वर्धा की बारिश- 4

बारिश की रात
तन्हाई का शोर
बूंदों का चटकना
मन का भटकना।।

सुबह से ही बरस
रहे हैं बादल
दिल है कि
चाहता है और ।।

बाहर बारिश की बूंदे
अंदर आंसुओं का सैलाब
रह-रह कर छलक जाते हैं ।।

बातों ही बातों में
भावनाओं के साथ बादलों की तरह
आंखें भी बरस जाती हैं।।

61. सोमवार

थोड़ा हौसला बढ़ाओ
मंजिल आने वाला है
थोड़ा प्यास बढ़ाओ
समंदर आगे है ।।

क्या न-न लगा रखे हो
एक बार हां तो बोलो
ऐसा क्यों सोचते हो
पूरी जिंदगी बाकी है।।

क्यों इतना गुणा-गणित
कर के फैसले करते हो
मझधार में फंस कर तो देखो
दुआ-सलाम का असर बाकी है ।।

ए मेरे हमनवाज़
कभी याद तो कर लो
पत्थर नहीं तुम
उम्मीद मेरी बाकी है।।

62. 1:50 AM मंगलवार

क्या कहूं और क्या सुनू सब माया लगता है
इधर से देखता हूं तो
कुछ और लगता है
उधर से देखता हूं तो
कुछ और लगता है।।

कल तक जो अपना था
आज पराया लगता है
आज तक जिसे माना हकीकत
अब फसाना लगता है
समय का यही तकाजा है
चक्र बदलते रहता है ।।

जो आज दिखता अडिग है
कल वह न रहेगा
कितने सत्ता-सामंत बह गए
गंगा के धार में
न क्रोध टीका न घमंड रहा
सब जल गए श्मशान में।।

हे मनुष्य क्यों व्यर्थ प्रलाप करता है
नित नए स्वांग धरता है
तुझसे पहले भी धरा थी

डॉ. अजय कुमार सिंह

तेरे बाद भी यह धरा रहेगी
बस एक जवाब दें
गैरों के लिए क्या छोड़ जाएगा।।

63. बस भी कर

यह कैसा सत्य है जो बदलता नहीं
कहां है वक़्त ठहरा
जो पिघलाया नहीं।।

जो लकीरें खींची है
रिश्तों के दरम्यान
समय बदला पर
यह बदलता नहीं।।

अजीब किस्सों का
ताना-बाना है इर्द-गिर्द
ऐसा उलझा है कि
सिरा मिलता नहीं।।

जिंदगी की डोर
मौत के हाथों है
अब बस भी कर
दर्द सहा जाता नहीं।।

64. GPH Mess

मेस में डटे पड़े
कुछ यहाँ पड़े
कुछ वहाँ पड़े।।

लाइन में है सब खड़े
शोधार्थी-विद्यार्थी
यहाँ के शालीन बड़े।।

कुछ नहीं तो कई मित्र मोबाइल पर
ही है टूटे पड़े ।।

भूख ही सत्य
भूख ही ईश्वर
भूख से बड़ा नहीं
कोई मज़हब ।।

65. मंगलवार

रोज टूटकर बिखरता हूं
फिर खुद को समेटकर
आगे बढ़ता हूं ।।

कभी इच्छाओं का मैं
शिकार होता हूं
कभी इच्छाओं का मैं
शिकार करता हूं।।

कभी तेज हावी होता है
कभी काम सर चढ़ बोलता है
साधारण मनुष्य हूं
सच को स्वीकार करता हूं।।

गिरता-गिराता बिना सोचे
आगे बढ़ता जाता हूं
कल की परवाह छोड़
आज जश्न मनाता हूं।।

66. दोस्ती

न भाव मिला
न भगवान मिला
दोनों की तलाश में
दर-ब-दर हो गए।।

कौन दोस्त है
कौन दुश्मन
समझना तो चाहा
पर अनाड़ी रह गए।।

जन्म देने वाला अपना
या पालने वाला अपना
अपने-पराये के द्वंद में
हम अकेले रह गए।।

न अपनों ने कभी तारीफ की
न ही प्यार से गले लगाया
जब भी जरूरत महसूस हुई
मुझसे दूरी ही बनाया।।

क्या गलती हुई मुझसे
जो सजा मुझे मिली

प्यार की चाहत में
कड़वाहट के आदि हो गए।।

मत पूछों अब दोस्ती का हाल।
आलम यह है की
अपने-पराये की बीच
फर्क करना भूल गए।।

67. सोमवारी

महादेव हूं
विष का पान करता हूं
महायोगी हूं
योग में लीन रहता हूं।।

न लाभ की चाहत
न हानी का डर
उद्धारक हूं
उद्धार करता हूं।।

न जन्म की लालसा
न मृत्यु का भय
अमरनाथ हूं
अमरत्व प्रदान करता हूं।।

न आदि मेरा
न अंत मेरा
विश्वनाथ हूं
विश्व का कल्याण करता हूं।।

न किसी के पास हूं
न किसी से दूर हूं
महाकाल हूं

भस्म का श्रृंगार करता हूं।।

न राग प्रभावित करता है
न द्वेष से कार्य करता हूं
जो भी आता है
प्रेम से गले लगाता हूं।।

68. सोमवारी-2

जब भी टूटता हूं
तेरे दर पहुंच जाता हूं
तेरे सामने शीश नवा
परम सुख पाता हूं।।

बहुतेरे नाम तेरे
एकछत्र राज्य है
जहां तक मन की पहुंच है
तेरा साम्राज्य है।।

ज्ञान योग, भक्ति योग और कर्मयोग से
बड़ा योग है तेरा
सिद्धहस्त योगी तू
महादेव नाम तेरा ।।
सीधा है, सरल है और
भोला-भाला है
तेजस है, विलक्षण है
त्रिनेत्र वाला है।।

आंखें बंद करके ही
सब जानता है
सर्व ज्ञानी है
फिर भी मौन धरता है ।।

70. तुम

कुछ तो बात है तुममें
जो अक्सर भटक कर
पहुंच जाता हूं मैं।।
कुछ तो बात है तुममें
जो खुद को नहीं
रोक पता हूं मैं।।

एक बात है तुममें
जो मुझसे जुदा है
तुम्हारी तरह
पत्थर नहीं हूं मैं।।

मिलूंगा किसी दिन
किसी चौराहें पर तुमसे
कितना तुमको याद किया
यह बताऊंगा मैं।।

71. मूल निवासी दिवस

कौन मूल हैं
और कौन नहीं
देखने का नज़रिया हैं।।

जो मूल हैं
वह भी हैं
जो नहीं हैं वह भी हैं।।

जो मूल हैं
वह कहां जाए
जो मूल नहीं
वो कहां से आये।।

गंभीर प्रश्न है
उत्तर कई
हल तर्कों से
लगता संभव नहीं।।

अगर देखें तो सब मूल है
और सब विस्थापित
सब की जन्म कहीं हुई
जाहिर है मृत्यु कहीं और होगी।।

एक ही समय
हर व्यक्ति
समय के आधार पर
विस्थापित है ।।

जगह के आधार पर
विस्थापित है
और देखे तो
समय और जगह के
आधार पर स्थापित हैं।।

सब देखने का नज़रिया है
जो सत्य है लगता भ्रम है
जो भ्रम है लगता सत्य है।।

72. समय

समय की सत्ता
हमेशा पुरुषार्थ की
मांग करता है ।।

दृढ़ इच्छाशक्ति और
मजबूत इरादे की
मांग करता है ।।

समय उसका इतिहास
लिखता है जो समय को
ललकारता है।।

बस समय की बात है
समय हर किसी को
मौका देता है ।।

समय उसको इतिहास
बना देता है जो समय के
महत्व को नकारता है।।

समय का कद्र है
इतिहास पुरुष, विकास पुरुष

समय ही पैदा करता है।।

73. वर्धा खेल परिसर

थोड़ा ठहर
सांस लेने दे बहुत भागा हूं
रुक कर अहसास
लेने दे।।

फलक के आगे फैले
फिजाओं सुनो
बहुत चाहता हूं
थोड़ा सा रुक कर
चाहत का मजा लेने दे।।

तेरी तलाश में
वर्षों तक भटका हूं
अपनी आगोश में
एक गहरी नींद
ले लेने दे।।

कल मुझे नहीं पता
क्या होता है
आज जिंदा हूं
इस बात की तसल्ली
कर लेने दे।।

74. पूर्णिमा

चांदनी रात में
गोरख पांडेय होस्टल
के छत पर चांद को
निहारते हुए सोचता हूं।।

बाहर चांदनी का उजाला है
अंदर अमावस का अंधेरा अंदर मृत्यु की शांति है
बाहर जिंदगी का शोर है।।

अंधेरों और उजालों का
फैला ताना-बाना है
जैसे झूठ-सच से
सजा दरबार है।।

झींगुरो की आवाज़
कानों से टकराती है
ऐसा लगता है जैसे
शहनाई का शोर हो।।

चलो रात बहुत हुई
अब सो जाते है
दिशाएं खामोश है

डॉ. अजय कुमार सिंह

हम भी चुप होते है।।

75. चाय-पान

हे महादेव
तेरी भूमि पर
बिंदास घूमता हूं।।
जब मन करता है
चाय पीता हूं
आधी रात को
चौराहे पर पान खाता हूं ।।

चाय पी कर
बड़ी-बड़ी बातें
सोचता हूं ।।

पान खाकर
बनारसी संस्कृति का
पालन करते हुए
रोड पर यहां-वहां
थूकता हूं।।

फिर बनारसी नेता का
स्वच्छता मिशन याद आता है
यही कारण है की
यदा-कदा ही पान खाता हूं।।

डॉ. अजय कुमार सिंह

कभी-कभी जब दोस्त
आग्रह करते हैं तो
सिगरेट के कश भी लगाता हूं
स्वास्थ्य के लिए हानिकारक है
इसलिए आदत नहीं लगता हूं।।

एक दिन काशी घाट पर
चिलम पीने की इच्छा है
तुझसे बताता हूं।।

76. ज्ञान

ज्ञान की चाहत में
अज्ञानी बना जाता हूं
जितना ज्यादा जानना चाहता हूं
उतना ही कम जान पाता हूं।।

जितना अज्ञानी महसूस करता हूं
उतना ही समझ पाता हूं
सच है कि अज्ञानता ही
ज्ञान का आधार है ।।

ज्ञान के पथ पर
अज्ञानता को स्वीकारना ही
ज्ञान प्राप्त करना है
नहीं तो सब आडंबर है।।

परम-ज्ञानी, सर्व-ज्ञानी आदि
सब अलंकार हैं
आत्म-ज्ञान ही
सबसे बड़ा ज्ञान है।।

77. आप

तेरे करीब हूं
और दूर भी
यही तो सिलसिला है।।

सोच में करीब
फासलों से दूर
प्यार में यही मिला है।।

मोहब्बत की चाह में
नफ़रतों के आदि हुए
न ठीक से आशिक हुए न ठीक से बर्बाद हुए।।

दिल जब भी लगाया
दिल ही जला है
मुकम्मल चाहत को
गुरबत मिला है।।
न उम्मीद बची
न इंतिज़ार रहा
न जाने आपको मुझसे
क्या गिला हैं।।

आप मिल जाती
तो क्या होता

ख़ैरियत दिल
तबाह होता ।।

78. वर्धा भूमि

न चीड़ के पेड़
न देवदार के वृक्ष
फिर भी प्रकृति का
जमघट यहां।।

वर्धा की भूमि
बापू की कर्म स्थली
बहुत खूबसूरत
विश्वविद्यालय परिसर अपना।।

कहीं पहाड़ कहीं ढलान
देते हैं जीवन के संदेश
खुशी और गम आते-जाते हैं किंचित न खोना धैर्य अपना।।

छात्र आएंगे जाएंगे
यूं ही खड़ा रहेगा
विश्वविद्यालय अपना
यहां पढ़ना पूरा होना है
जैसे कोई सपना ।।

79. वर्धा चौराहा

मत पूछ चौराहे का हाल
आलम बस तेरे जैसा है
पागलपन की बेचैनी है
पर शहर को थाम रखा है।।

वक़्त बीता लोग बदले
नहीं बदला चौराहा
कल तक जो एक चेहरा था
लगता है आज शहर छोड़ गया।।

गुमनाम दोस्ती थी अपनी
सुबह-शाम का याराना था
उम्मीदों के घोड़े पर सवार
यार चौराहे से कूच कर गया।।

आते-जाते लोग
एक-दूसरे को देखते है
चौराहा से उस अजनबी का
पता पूछते है।।

80. कर्ता-धर्ता

अजीब कशमकश
दिल में मचा है
मैं दिल्ली या
मुझमें दिल्ली बसा है।।

परिवर्तन का साक्षी हूं
या परिवर्तन में शामिल
गौण है मुद्दें सारे
फिर भी क्यों हलचल मचा है।।

परिणाम के लिए युद्धरत हूं
कि वीरगति की चाहत है
जो भी हो जीवन में
बदलाव लाने की हसरत है।।

युद्ध का एक ही सिद्धांत है
हार हो या जीत हर हाल में
समय की चुनौती स्वीकार
रणभूमि में लड़ना ही होगा।।

जो लड़ा विजेता वही बनता है
सत्ता का कर्ता-धर्ता
ऐसे ही थोड़ी कोई बनता है

दिल्ली यही संदेश देता है।।

दिल्ली यही संदेश देता है।।

81. नीम का पेड़

सुबह की बेला है
हवाएं शांत है
बारिश के फुहारे हैं
आंखों के आगे फैला
हरियाली हैं।।

दूर क्षितिज पर
शोर सुनाई देता है
पता नहीं क्या
कहना चाहता है ।।

जो ज्ञात है वहीं
अज्ञात का स्रोत है
जो अज्ञात है वही
वही ऊर्जा का केंद्र है।।

जो लग रहा शांत है
दरअसल वही बेचैन है
जो माया है वह ही
सृष्टि की रचना है।।

82. जनसंचार

यहाँ अधिष्ठित हैं
आचार्यों के आचार्य
सिखाता करना मुखर संचार
यह विभाग है जनसंचार।।

कैसे होता वार्तालाप में शिष्टाचार
बताता शब्द-दृश्य कैसे बनते हैं हथियार
यह विभाग है जनसंचार।।

पढ़ते यहाँ देश के कर्णधार
विद्यार्थी, शोधार्थी और गुरूजन
का मित्रवत व्यवहार
यह विभाग है जनसंचार।।

मुद्दों के आधार पर
यहां होती है तकरार
साप्ताहिक चर्चा का आधार
यह विभाग है जनसंचार।।

83. दिल्ली

शहर लगता कुछ नया सा
कुछ तो बदला है जनाब
यह चौराहे यह गलियां
पूछ रही है मुझसे
पहले भी गुजरे हैं
आप शायद इधर से ।।

यह दिल्ली है
रोज कुछ ना कुछ होता है
सपनों की उड़ान तय कर
रोज यहां लोग आते हैं
कुछ ठहरते हैं
कुछ वापस लौट जाते हैं।।

जो यहां रुकते हैं वह
यहीं के होकर रह जाते हैं
दिल्ली जो जीतने आया हार कर यहीं का होकर रह गया ।।

यकीन न हो तो इतिहास
मुगलों और तुगलकों का
उलट कर देख लो ।।

शहरों में शहर

महानगर है दिल्ली
विराट भारत की राजधानी
गर्व से कहो कि
तुम भी हो दिल्ली

84. दिल्ली-1

दौड़ते-भागते
आते जाते लोगों
को घूरता हूं।।

इनके सामने
कहां खड़ा हूं
यह सोचता हूं।।

छोटे से गांव में जन्मा
यहां आकर
बड़े ख्वाब देखता हूं।।

चमचमाती गाड़ियां
ऊंचे अटालिकाओं में
दिखता देश की समृद्धि है।।

विशाल है भारत
गहरी इसकी परंपरा इसकी छाप यहां दिखती है।।

85. दिल्ली-2

सोचता हूं बूंदों को पकड़कर
बादल तक पहुँच जाऊं
वहीं बना लू आशिया अपना ।।

बहुत भीड़-भाड़ है गुरु
आपके दिल्ली में
मुश्किल है खोजना पता अपना।।

आप ठहरे हिमालयवासी
घोर साधु कपट संयासी
नौकरी कहाँ करनी पड़ती है।।

हम ठहरे पृथ्वीवासी
मजबूरी है महादेव नौकरी की
जहमत उठानी पड़ती है।।

छोटे-छोटे सपनों के
ऊँची-ऊँची एमआरपी
हमें भरने होते हैं।।

आपका क्या योग में धुत
बड़े-बड़े आसामी
आगे-पीछे करते है।।

डॉ. अजय कुमार सिंह

अच्छा है कभी यहां आकर
मेट्रो का भी मजा लिया कीजिए
समय निकाल इधर का भी रुख कीजिए।।

86. दिल्ली-3

शहर नया
लोग नए
नया तजुर्बा है।।

यहां आकर लगता है
खुद से दोस्ती हो गई है ।।

अकेले हंसना
अकेले घूमना
सीखा मैंने ।।

चुपचाप खड़े हो
सफर के बीच
झपकी लेना
सीखा मैंने ।।

कब सोया
कब उठा
पता नहीं चलता।।

जब सोचता हूं कि
क्या सोचता हूं
खुद को सफर में ही पाता हूं ।।

87. ख़लिश

जब बहुत थक जाता हूं
जब एकटक पंखे को देखता हूं बिना पलकें झपकाए
जब लगता है कोई मुझसे
बात न करें।।

तो तुम्हारी याद आती है
तुम बहुत याद आती हो
जब रहा नहीं जाता है तो तुमको
हाय कैसी हो लिखता हूं और
हमेशा की तरह तुम
कोई जवाब नहीं देती हो।।

शायद तुम्हारी खामोशी ही
मेरे अंदर की आग है
जो मुझे लड़ने के लिए ऊर्जा देता है
हमेशा बेहतर करने की प्रेरणा देता है
अंदर ही अंदर मेरे ताप को बढ़ाता है
मुझ निस्तेज को तेज प्रदान करता है।।

तुम्हारी खामोशी का मुझे
आदत सा हो गया है
अच्छा लगता है अपने

लिखे गए ही बातों को बार-बार पढ़ाना
मन ही मन खुद पर हँसना।।

चलो अच्छा हैं
आज के लिए इतना ही काफी है
तुम्हारी मौन हज़ार शब्दों से ज्यादा
ख़लिश पैदा करता है
जिसे मैं खुद परिभाषित करता हूं।।

88. पटना से दिल्ली

जमीन से आसमान तक
ख़ाक छानता फिरता हूं
तेरा विस्तार कहाँ तक फैला
समझने की कोशिश करता हूं।।

न ऊंचाई समझ आती है
न गहराई का पता चलता है
बस एक अंदाज़ के सहारे ही
आगे बढ़ता जाता हूं।।

किस ओर कौन सी डगर
कहां ले कर जाए नहीं पता
उजालों की आस लिए
अंधेरों से लड़ता हूं।।

एक बात जो दिखता है
मनुष्य की हदों से आगे
तुम्हारा विस्तार है
तुम्हारे परिधि में ही
फैला समस्त संसार है।।

89. Go Air

काशी की चाय
पटना की चाय
कोलकाता की चाय
वर्धा की चाय के बाद
अब प्लेन की चाय।।

वाह-वाह क्या बात हैं
आसमान की ऊंचाई के बीच
बादलों का घरोंदा मज़बूत इरादें
नए जज़्बात हैं।।

लगता है आज कोई
दूर बादलों से पुकार
रहा है मुझे, रुक कहां
जहां रहा है, रोक रहा है मुझे।।

मैं कहां रुकने वाला
अपने धुन में बढ़ने वाला
क्या रोक सकते हो
बहती हवाओं को
उड़ते बादलों को ।।

अगर नहीं तो फिर

डॉ. अजय कुमार सिंह

मुझे भी आगे बढ़ना है
थोड़े देर का साथ तुम्हारा
सब छोड़ नई मंजिलों की
तलाश करना है।।

90. बिहारी

कभी-कभी लगता हैं हमहू झंडूए हैं
मुफ्त में ही
हाई-तौबा मचाते है।।

टॉम क्रूज़ बनना चाहते है
निरहुआ बन कर रह जाते है
बिहारी है भाई
अभी बहुत सीखना है।।
दिल्ली की सभ्यता
कोलकाता की भाषा
बहुत अच्छी है पर
समझ नहीं आती हैं।।

उड़ने के चक्कर में
घनचक्कर होते जा रहे है
दो घंटे के सफ़र के लिए
दो घंटे पहले एयरपोर्ट आ रहे है।।

91. Airhostess

बहुत खुबसूरत है आप
नैन-नक्श करारा है
काफी समय लिया होगा
ख़ुदा ने बनाने में ।।

लाजवाब काया आपकी
गज़ब की मुस्कुराहट है
जिस अदा से आप
एक्सक्यूज़ मी सर कहती हैं
यह जानलेवा है।।

अगर जो मैं ख़ुदा होता तो
आपकी सज़ा मुक़र्रर करता
एक्सक्यूज़ मी आप कहती
और गुस्ताख़ी मैं करता।।

देख कर आपको हज़ार ख्वाहिशें जगती हैं
आपकी तराशी सुंदरता
वापसी का निमंत्रण है।।

92. मेट्रो गर्ल

तेरा घूरना
हां और न
के मझधार
में खड़ा करता
है।।

कभी लगता है
इसमें मैं शामिल हूं
कभी लगता है
इससे मैं जुदा हूं।।

अजीब कशमकश
मची है
जैसे ही कुछ
सोचता हूं
तुम कुछ से कुछ
हो जाती हो।।

जब सोचना बंद
करता हूं
वापस तुम
अवतरित हो जाती
हो।।

कहां रहती हो
कहां जाती हो
मेरे सवाल
अनुत्तरित
रह जाती है
तुम चली
जाती हो।।

93. Tea break

स्टार हो तुम
तुम्हारे दीदार के लिए
लोग बेताब रहते हैं
आपस में तुम को लेकर
चर्चा करते रहते हैं।।

कब आओगे तुम
गेट पर नजरें गड़ाए रहते हैं
पांडे बाबा से नहीं रहा जाता तो
तुमको फोन घुमा कर तुम्हारे
आने का लेखा-जोखा भी लेते हैं।।

तुम्हारे आते ही
हलचल मच जाती है
बेचैन मन को सुकून आता है
रूह को जन्नत नसीब होता है
बेकरार दिल को करार मिलता है।।

94. दौर

एक दौर ऐसा भी था
जब समय से अपना
दूर-दूर तक कोई
वास्ता न था।।

वह अपना काम करता
मैं अपना काम करता था
दिन और तारीख के लिए
कैलेंडर या मोबाइल देखते थे।।

समय ऐसा पलटा की
कभी समय से आगे होते है
कभी समय से पीछे
रोज का यही रगड़ा है।।

दिन और तारीख
को कौन पूछता है
मिनट दर मिनट समय का
अहसास रहता है।।

95. इश्क़

इश्क़ वो आग है
जो भीड़ में भी
तन्हाई का मजा देता है
बिना बात अकेले में
मुस्कुराने की वजह देता है।।
यह एक अहसास है
जो सरहदें तोड़ देता है
शब्द ख़ामोश रहती है
नज़रों से बात होता है।।

द्वैत की सीमा पार कर
एकात्म ही इश्क है
शरीर तो बस साध्य है
भावनाओं का संगम ही इश्क़ है।।

जिसने इश्क़ न किया
वह अज्ञानता में ही जिया
सच तो यह है कि
ज्ञान की शुरुआत ही इश्क़ है।।

96. सपना

मैं उनको पढ़ रहा था
वह मुझको पढ़ रही थी
एक अध्याय का प्रस्तावना
लिखा जा रहा था।।

विषयवस्तु न मैं तय रहा था
न वो तय कर रही थी
बस हमारी नजरें
एक-दूसरे पर टिकी थी।।

हटाने की जहमत न मैं उठा रहा था
न वह उठा रही थी
फिर पता नहीं क्या हुआ।।

सुबह नींद से जाग
मैं उनको तलाश रहा था
वो मुझको तलाश रही थी
तलाशते हुए ही सपनों में आई थी।।

97. अभी-अभी

जिंदगी के एक
मुकाम पर लगता था
सबसे ज्यादा नकारा
कोई और नहीं
मैं ही हूं।।

सबसे ज्यादा आलसी
कोई और नहीं
मैं ही हूं।।

पूरी दुनिया आगे बढ़ जाएगी
सबसे पीछे रहने वाला
कोई और नहीं
मैं ही हूं।।

सब कोई सब कुछ
पा सकता है
कुछ नहीं करने वाला
मैं ही हूं।।
मेट्रो के खाली सीट
मुझे एहसास कराती है की
अब मैं भी हूं।।

सुबह मैं भी उठ सकता हूं
मैं भी भाग सकता हूं
समय के साथ अब
मैं भी हूं।।

बहुत कुछ ना भी करूं तो
कुछ ना कुछ तो जरूर
मैं भी कर सकता हूं।।

98. छुट्टी

रचता हूं
रचनाकार हूं
आसपास फैली हुई
विस्तार को देखता हूं।।

चेहरों के भावों को
पढ़ने की कोशिश करता हूं
बिखरी हुई कहानियों की
कड़ियां जोड़ता हूं ।।

यादों से उदाहरणों
को गढ़ता हूं
कम बोलता हूं
ज्यादा लिखने की
कोशिश करता हूं।।
जिंदगी सफर है
उम्मीद के सहारे
वर्तमान के चुनौती
को आसान करता हूं।।

99. मझधार

मैं पूरा हूं
मैं अधूरा हूं
नहीं पता।।

जितना भरता हूं
उतना खाली होता हूं
जब खाली होना
चाहता हूं तो
भरने का एहसास होता है।।

पूर्व से जो मिलती है
पश्चिम लुट जाती है
उत्तर से जो आता है
वह दक्षिण का
रुख कर जाता है।।

बीच मझधार में खड़ा
मैं सिर्फ दर्शक मात्र हूं
महफिल लुट जाती है
मैं देखता रह जाता हूं।।
अरमानों का लुटेरा
सब लुट जाता है
मैं लुटा-पीटा

खामोश रहता हूं।।

यथार्थ के कड़वे घूंट
हमेशा मेरे हिस्से आते हैं
जब आगे बढ़ना चाहता हूं
परिस्थितियां चट्टान
बन कर खड़ी होती है ।।

100. शृंगार

जब तुम सज- संवर कर
आती हो
देखने वालों का
मन मचल उठता है।।

बहुत जल्दी में तुम रहती हो
इसलिए ही तो
सफर में
अधूरा शृंगार पूरा करती हो।।

यह समा भी अजीब होता है
सामने तुम सज रही होती हो
हसरत भरी निगाह से तुमको
सब देख रहे होते हैं।।

तुमको फर्क नहीं पड़ता
तुम मजबूत हो, सशक्त हो
आत्मनिर्भर हो, तुम ही दिल्ली हो यही तुम्हारी पहचान है।।

101. भीड़

मैं भीड़ हूं
महानगर का हिस्सा
समय और परिस्थिति
के अनुसार मेरा आकार-प्रकार
बदलता रहता है ।।

मनुष्य तो बस इकाई है
सच्चाई भीड़ है
न मेरी कोई भाषा
न कोई संस्कृति।।

हमेशा नायक की
तलाश में रहता हूं
नायक जो समय का मसीहा
जन-आकांक्षाओं की उपज हो।।

लोकतंत्र मेरा ही विस्तार है
सच कहूं तो हर तंत्र का
मैं ही निर्माता और निर्देशक हूं
क्योंकि मैं भीड़ हूं।।